Pour Chris, dont l'amitié est un trésor en toutes saisons.

Karen

À la plus douce des natures sauvages !

Marc

Texte traduit de l'anglais (États-Unis) par Rose-Marie Vassallo

Titre de l'ouvrage original : WAKE UP, WOODLANDS
Éditeur original : Chronicle Books LLC
680 Second Street, San Francisco, California 94107

11, rue de Sèvres, 75006 Paris
Loi n° 49-956 du 16 juillet 1949 sur les publications
destinées à la jeunesse : mars 2024
Dépôt légal : mars 2024
ISBN : 978-2-37888-225-9
Imprimé en Chine

Diffusion *l'école des loisirs*
www.editions-kaleidoscope.com

Au bois fleuri

texte de Karen Jameson

illustrations de Marc Boutavant

kaléidoscope

C'est le printemps, *petit mulot*.

Pointe au soleil
ton fin museau !
L’air se fait doux, le ciel est clair,
sors de ton trou ! Fini l’hiver !

Ouvre tes ailes, *vaillante abeille* !

Il est temps
de refaire du miel !
Toutes ces fleurs à visiter
vont te tenir bien occupée.

Hors du terrier, *les lapereaux* !

Nez de velours
et poil tout chaud !
Le champ de trèfle est un millefleur :
y folâtrer, quel bonheur !

Réveille-toi, *ourson pataud* !

Plus trace de neige…
et qu'il fait beau !
Descends au ruisseau, vite, vite,
pour goûter ta première truite !

Grand papillon, tout juste éclos

sous les rayons
du renouveau,
déploie tes ailes colorées
et laisse la brise te porter.

Et vous, *faons tachetés*,
tout frêles !

Debout, debout
sur vos pattes grêles !
Suivez maman à travers prés,
elle vous montrera ce qu'il faut brouter.

Hop, *écureuils*, hors du nid !

On se réveille
et on bondit !
De branche en branche il faut sauter
pour trouver de quoi grignoter.

Ohé, *grenouille* aux yeux doux !

Assez dormi,
sors de la boue !
Et plouf ! dans la mare dégelée
pour y coasser tout l'été.

Cabriolez, *renardeaux roux* !

Sautez, galopez,
faites les fous !
Ces jeux vous serviront, plus tard,
pour votre vie de grands renards.

À votre tour, *les oisillons* !

On quitte le nid,
c'est la saison.
Un léger reste de duvet
n'a rien de gênant pour voler !

Pressons le pas,
petites bottes rouges !

Pour le pique-nique,
en avant toute !
Quand l'air sent bon, quand tout fleurit
dans les bois et dans les prairies…

... la nature entière est en fête !

Surtout, n'en perdons pas une miette !